역사를 읽으면 통찰력을 얻는다
중국역사를 읽으면 중국으로 가는 길이 보인다

21일간의 이야기만화 역사기행

만리 중국사

COMIC VERSION OF CHINESE HISTORY 45, 46

Copyright ⓒ 中国美术出版社总社连环画出版社, 2011; 编绘: 孙家裕; 主笔: 谢碧勋
Korean translation copyright ⓒ Korean Studies Information Co., Ltd., 2013
Korean translation rights of 《COMIC VERSION OF CHINESE HISTORY》
arranged with LIANHUANHUA PUBLISHER directly.

21일간의 이야기만화 역사기행

만리 중국사

20권 청 1

초판인쇄 2014년 3월 7일
초판발행 2014년 3월 7일

글·그림 쑨자위
글 셰비쉰
옮긴이 류방승
펴낸이 채종준
기획 권성용
편집 정지윤, 백혜림
디자인 박능원, 이효은
마케팅 송대호, 정경철, 이행은

펴낸곳 한국학술정보(주)
주소 경기도 파주시 회길동 230 (문발동 513-5)
전화 031) 908-3181(대표)
팩스 031) 908-3189
홈페이지 http://ebook.kstudy.com
전자우편 출판사업부 publish@kstudy.com
등록 제일산-115호(2000. 6. 19)

ISBN 978-89-268-5436-5 14910
      978-89-268-5416-7 14910(set)

20권 청 1

대륙의 마지막 봉건왕조

쑨자위 글 · 그림
셰비쉰 글

만리

21일간의 이야기만화 역사기행

중국사

이담
Books

중국은 세계 4대 문명 발상지 가운데 하나다. 중화 문명은 아득히 먼 옛날부터 수천 년 동안 전해져 내려오며 상고上古, 하夏, 상商, 주周, 춘추春秋, 전국戰國, 진秦, 서한西漢, 동한東漢, 삼국三國, 서진西晉, 동진東晉, 남북조南北朝, 수隋, 당唐, 오대십국五代十國, 송宋, 요遼, 서하西夏, 금金, 원元, 명明. 청淸 등의 역사 시대를 거쳤다.

중화 문명은 세계에서 가장 오래된 문명이자 가장 오래 지속된 문명이기도 하다. 중화 문명과 어깨를 나란히 한 문명으로는 고대 바빌론 문명, 고대 그리스 문명, 고대 이집트 문명 등이 있다. 어떤 문명은 중국보다 먼저 발생하고, 또 범위도 훨씬 넓었지만 이들은 이민족의 침입 혹은 스스로의 부패로 인해 멸망하여 결국 기나긴 역사 속에서 연기처럼 사라져 버렸다. 중국만이 세계에서 유일하게 문명 대국을 자랑하며 유구한 역사를 이어 오고 있다.

수천 년 동안 중화 민족은 무엇에도 굴하지 않는 강인한 의지와 과감한 탐구 정신, 총명한 지혜로 웅장한 역사의 장을 엶과 동시에 눈부시게 찬란한 물질문명과 정신문명을 창조했다.

이 책의 편집 제작은 정사正史를 바탕으로 진실하고 객관적인 사실을 전달하는 데 주력했다. 또한 역사를 만화 형식으로 풀어 씀으로써 독자들이 아름답고 다채로우며 생동감 넘치는 장면을 느끼리라 기대한다. 독자 여러분들이 쉽고 재미있게 읽는 가운데 역사를 직접 느끼고 역사에 융화되어 깨닫는 바가 있기를 바란다.

지롄하이紀連海
중국 CCTV '백가강단百家講壇' 강사

대륙의
마지막 봉건왕조

1616년, 청 태조 누르하치가 후금後金을 건국한 후 지속적으로 명나라를 침략했으며 뒤를 이은 홍타이지는 1636년에 나라 이름을 청淸으로 바꾸고 정식으로 황제에 올랐다. 청나라는 산해관山海關의 수장 오삼계吳三桂를 앞세워 중원으로 진격해 이자성을 물리치고 북경을 점령했다. 이로써 중국은 또다시 이민족 왕조가 통치하는 시대로 접어들었다.

청은 초기에 민족과 계급 갈등을 완화하기 위해 황무지 개간 장려와 감세 정책 등을 실시하여 사회·경제적으로 발전을 이룩했다. 이후 강희康熙·옹정雍正·건륭乾隆 삼대 백여 년 동안 중앙집권 체제가 더욱 강화되면서 국력이 막강해지고 안정과 번영을 누렸다. 삼번三藩의 할거 평정, 대만 통일, 티베트에 대한 통치 강화, 중가르와 회강回疆 귀족 반란 진압, 흑룡강을 침략한 제정러시아 격퇴 등으로 통일된 다민족국가 체제가 한층 더 공고해지고 발전하면서 청은 아시아 동부에서 영토가 가장 광활한 왕조가 되었다.

하지만 건륭제를 기점으로 정치가 부패하면서 민란이 일어나기 시작했고, 뒤이어 재정 곤란과 서구 열강의 침략으로 점차 쇠퇴일로를 걸었다. 결국 1840년, 중화 사상의 몰락을 알리는 아편전쟁이 일어나 힘 한번 제대로 쓰지도 못하고 영국에 패해 '남경조약'이라는 불평등조약을 맺고, 홍콩을 영국에 할양하는 지경에 이르렀다. 이를 시작으로 청나라는 미국·포르투갈·스페인·러시아 등 각국과도 불평등조약을 맺게 되었다.

1850년에는 억압과 착취에 반항하는 홍수전洪秀全의 주도로 태평천국太平天國의 난이 일어났다. 이로 인해 청나라가 통치력을 상실하자 영국과 프랑스 연합군은 2차 아편전쟁을 일으켰고, 1894년에는 중일전쟁이 발발해 일본과 굴욕적인 '마관조약'을 체결했다. 이런 상황에서 중국인들은 과거의 중화 사상을 버리고 다가오는 열강의 위협 속에서 본격적으로 새로운 길을 찾기 시작했다.

강유위康有爲를 필두로 한 유신파維新派 지식인들은 부국책의 일환으로 서구의 선진 과학문명과 정치제도의 도입을 주된 내용으로 하는 변법운동變法運動을 일으켰다. 그러나 이들의 시도는 수구 세력의 반대로 100일 만에 실패로 돌아갔다. 1900년에는 열강을 물리치자는 애국애족운동인 의화단義和團 운동이 일어났으나 영국을 비롯한 8개국 연합군에게 진압되어 실패로 끝났다. 1911년 10월 10일, 손문孫文의 주도로 신해혁명辛亥革命이 일어나 1912년에 청이 무너지면서 2천여 년을 이어온 중국의 봉건 체제가 마침내 붕괴하고 민주 공화정치 시대가 서막을 올렸다.

상고 上古	B.C. 약 800만~2000년
하 夏	B.C. 2070~1600년
상 商	B.C. 1600~1046년
주 周	B.C. 1046~771년
춘추 春秋	B.C. 770~403년
전국 戰國	B.C. 403~221년
진 秦	B.C. 221~206년

한 漢	서한 西漢	B.C. 206~A.D. 25년
	동한 東漢	25~220년

삼국 三國_위·촉·오 220~280년

양진 兩晉	서진 西晉	265~317년
	동진 東晉	317~420년

남북조 南北朝 420~589년
수 隋 581~618년
당 唐 618~907년
오대십국 五代十國 907~960년

송 宋	북송 北宋	960~1127년
	남송 南宋	1127~1279년

요 遼 907~1125년
서하 西夏 1038~1227년
금 金 1115~1234년
원 元 1271~1368년
명 明 1368~1644년
청 清 1644~1911년

청清

- 1645년 이자성 자살
- 1659년 정성공이 남경 공격에 실패함.
- 1661년 순치제가 서거하고 강희제가 즉위
- 1662년 정성공이 대만을 수복
- 1667년 오배가 전권을 장악
- 1669년 오배를 체포함, 강희제의 친정
- 1673년 오삼계의 반란, 삼번의 난이 발생
- 1677년 근보의 황하 치수
- 1681년 삼번의 난 평정
- 1684년 시랑이 대만을 평정
- 1689년 중국과 러시아 간의 네르친스크 조약 체결
- 1697년 갈이단이 패망함.
- 1718년 청 조정이 티베트에 파병
- 1722년 강희제 서거, 옹정의 제위 다툼
- 1723년 복건에서 크리스트교 박해 사건 발생
- 1735년 옹정제가 서거하고 건륭제가 즉위
- 1766년 포송령의 『요재지이聊齋志異』 출간
- 1782년 화신이 권력을 독점함.
- 1791년 조설근의 『홍루몽紅樓夢』 간행
- 1793년 조지 매카트니가 방중함.
- 1795년 건륭제의 퇴위, 가경제의 즉위
- 1799년 건륭제 서거, 화신이 관직을 삭탈당하고 사사됨.
- 1804년 백련교 기의가 평정됨.
- 1811년 계유의 변 발생
- 1831년 청 조정이 아편을 금지함.
- 1834년 영국 함대가 황포를 침입
- 1838년 흠차대신 임칙서가 아편 무역을 단속·소각함.

차례

청 下

청 上

相上

清

강희제康熙帝

청의 4대 황제로 이름은
애신각라愛新覺羅 현엽玄燁이다.
중국 역사상 재위 기간이
가장 긴 군주이며
강건성세康乾盛世를 연
위대한 정치가이다.

오배鰲拜

청 초기의 권신. 강희제
초기의 보정대신 중 한
사람으로 정국에 영향력을
행사한 중요한 인물이다.
전기에는 혁혁한 군공을
세웠지만 후기에는
권력을 장악하고 사당을
결성하느라 바빴다. 훗날
감옥에서 늙어 죽었다.

오삼계吳三桂

명말 청초의 저명한 정치가이자
군사가. 명 숭정제 때 요동총병이
되어 산해관을 지켰다. 1644년
청에 항복하고 청나라
군대가 산해관을
넘도록 도운 공로로
평서왕에 봉해졌다.
1673년, 삼번三藩의
난을 일으켰다.

정경鄭經

명말 청초의
대만 통치자인
정성공鄭成功의 장자.
대만을 개발하고
다스리는 데 커다란
성과를 거두었다.

정극장鄭克臧

정경의 장자. 1681년에
정경과 진영화陳永華가
잇달아 세상을 떠나자,
풍석범馮錫範과 숙부들에
의해 죽임을 당했다.

갈이단噶爾丹
몽고 중가르의 수령.
1671년에 갈이단은
정적을 제거하고 중가르의
통치권을 탈취했다.
후에 청군에게 궤멸되어
부족들이 그를 배반했다.

우성룡于成龍
청의 명신. 지현, 순무,
대학사 등을 역임했다.
탁월한 공적과 청렴하고
부지런한 성품으로 백성들의
깊은 사랑을 받고 강희제의
칭찬을 들었다. '천하제일의
청백리'로 명성이 자자했다.

조설근曹雪芹
청대의 소설가. 명문 귀족인
대관료 지주 가정에서 태어났
으나 집안이 쇠락하면서 인생의
쓴맛을 보았다. 그는 10년간
공들여 『홍루몽紅樓夢』을 창작하고
심혈을 기울여 수정 작업에
매달렸다. 사후『홍루몽』
전前 80회의 원고를 남겼다.

포송령蒲松齡
청 초기의 소설가 겸
극작가. 유명한
문언문 단편소설집
『요재지이聊齋志異』를
창작했다.

강희제가 오배 제거 계획을 꾸미다

강희제의 이름은 애신각라 현엽이며 순치제의 셋째 아들로 1661년 즉위할 때 나이 겨우 여덟 살이었다. 열네 살 이후 친정에 나섰지만 권신 오배가 조정 대권을 꽉 쥐고 있었다.

신이 이제 늙고 병들어 선화로 가 선제의 능묘를 지킬 수 있도록 윤허해 주십시오.

소극살합, 그대의 충심이 갸륵해 요구를 들어주겠소.

감사 합니다!

폐하께서 스스로 정무를 처리하실 수 있으니 고명대신*인 오배와 알필륭도 노신과 함께 은퇴 해야 합니다.

---

* **고명대신顧命大臣**
군주 임종 시에 군주의 유언으로 나라의 뒷일을 부탁받은 신하.

폐하께서는 왜 소극살합을 빨리 처벌하지 않으십니까?

대신들이 모두 오배의 도당이라 참을 수밖에 없다!

어찌해야 할지 오 태보가 말해 보시오.

그러지요. 흐흐

소극살합의 가산을 몰수하고 멸족하며 그를 능지처참에 처하십시오!

뭐? 그렇게까지?

날 건드리지 말란 말이야.

소극살합은 나라에 공이 있는데 처벌이 너무 가혹하오!

그는 벌을 받아 마땅하니 얼른 윤허 하십시오!

폐하, 신은 정말 억울합니다!

털썩

그럼 능지처참을 교수형 으로 바꾸도록 하시오.

흐흐 ......

우린 마땅히 폐하의 의사를 존중해야 한다. 소극 살합을 당장 교수 형에 처하라!

현명 하십니다!

어흐흑

폐하 ......

머지않아 가증스런 오배 놈을 내 반드시 없애고 말리라!

두고 보자!!

바드득바득

18

힘이 미약했던 강희제는 오배의 의심을 피하기 위해 일부러 아이들을 궁으로 들여 씨름에 몰두하는 척하며 몰래 세력을 키워 나갔다.

이얍!

얍!

실력이 좋구나. 짐과 한판 붙어 보자!

폐하, 이겨라!

이겨라!

폐하가 아이들과 씨름에 빠져 있구나. 이런 좋은 소식을 오 대인께 알리면 분명 상을 내리실 거야!

오배의 처소

폐하는 요즘 어떻게 지내느냐?

종일 아이들과 씨름에 빠져서 국가대사에는 관심도 없습니다.

듣던 중 반가운 소리구나. 그래야 내가 권력을 휘두르는 데 아무도 반대 하지 않지!

크하하

맞는 말씀입니다.

헤헤-

계속 황제를 감시하고 있다가 수상한 낌새가 보이면 즉각 보고해라!

물론입죠.

옜다!

감사합니다!

20

오배의 눈을 피해 세력을 키운 강희제는 마침내 때가 왔다고 여겨 오배 제거 계획에 돌입했다.

평소에 군대의 힘을 기르는 건 긴급할 때 쓰기 위함이다. 짐은 지금 너희들을 중용하려 한다!

관직에 오르고 부자가 되길 원하느냐?

원합니다!

조상의 이름을 빛내길 원하느냐?

원합니다!

잠시 후 짐의 원수이자 천하에 가장 나쁜 악인이 올 것이다. 너희들은 그를 꼭 잡도록 하라!

짐이 이미 완벽하게 계책을 세웠다. 너희들은 이렇게 하면 ……

21

색액도!

신, 대령했습니다!

잠시 후 문 앞을 지키고 있다가 오배의 무기를 몰수하라!

명을 받들겠나이다!

저벅 저벅

폐하가 무슨 일로 갑자기 날 부르셨소?

오 대인, 폐하께서 국가대사를 논하는 중대한 일이라 수행원을 들이지 말라 하셨습니다.

음, 너희들은 여기서 기다려라.

오 태보에게 의자를 내오고 차를 대접하라!

의자까지 내주고… 긴히 부탁할 일이라도 있나보군.

오늘따라 너~무 다정하십니다.

앗, 뜨거!

아이고!

우지끈!

오 대인을 빨리 와서 부축해라!

오배! 너는 서른 가지 대죄를 범했다. 오늘이 바로 네 제삿날이다!

척~

아, 내가 애송이의 손에 이렇게 끝날 줄이야……

강희제는 오배가 세운 큰 공을 참작해 그를 죽이지 않고 가산을 몰수하고 평생 감옥에 가두었다. 이로써 강희제는 마침내 정권을 수중에 장악했다.

속이 후련하구먼!

삼번의 난을 평정하다

강희제가 정권을 장악한 후 남방의 세 번왕*인 오삼계, 상가희, 경정충은 청의 개국공신임을 내세우며 세력을 크게 키우고 항상 중앙의 명령을 듣지 않았다.

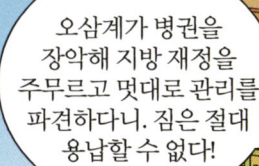

오삼계가 병권을 장악해 지방 재정을 주무르고 멋대로 관리를 파견하다니. 짐은 절대 용납할 수 없다!

오삼계가 막강한 군대를 거느리고 있어서 세조께서도 어쩌지 못하셨습니다.

색액도, 선제의 예로 짐을 압박하지 마라!

오삼계가 이미 예순을 넘어 살날이 몇 년 안 남았으니 조금만 참으시지요.

음……

* 번왕藩王
변방의 나라를 다스리는 임금.

27

상가희가 노령으로 고향에 돌아간다며 아들 상지신에게 평남왕 자리를 세습해 광주를 지키게 해 달라고 합니다.

명주, 그대의 의견은 어떠시오?

지금이 절호의 기회입니다. 상가희가 스스로 물러날 때 그의 번을 박탈하십시오.

상가희와 오삼계, 경정충은 한통속이라 그리 조치하시면 그들의 반란을 부추기게 됩니다!

염려~

그들은 머지않아 반란을 일으킬 테니 준비가 충분하지 않은 틈을 타 선공을 가하는 게 낫소!

헛소리 마시오!

티격 태격

그만 다투시오! 짐은 상가희의 요구를 거절하고 번을 철폐하기로 결정했소!

이 소식은 곧바로 운남과 귀주를 지키던 평서왕 오삼계의 귀에 들어갔다.

대왕, 강희제가 상가희에게 손을 써 그의 근거지를 빼앗았습니다.

뭣?

어린 황제가 은혜를 모르고 설치는구나. 자칫하면 나 오삼계도 제명에 죽지 못하겠어.

조급해 하지 마십시오. 강희제에게 먼저 사직을 청한 다음 그가 어떻게 나오는지 두고 보십시오.

맞는 말이다. 황제에게 압력을 넣고 우리 삼번이 공동 대응을 하자!

청나라 황궁

오삼계와 경정충이 올린 사직 상소의 진의를 가려 보시오!

이러쿵 ......

저러쿵 ......

논의 결과 삼번이 거짓으로 사직하고 조정의 의사를 떠보는 것이라 결론 내렸습니다.

짐에게 감히 수작을 부리다니!

흥!

정 원한 다면 그들을 고향으로 돌려 보내야지.

그건 절대 불가 합니다!

만주족이 중원을 점령했지만 인구가 적어 한족을 구슬려야 하는데 삼번과 전쟁이라니요?

심사 숙고하시옵소서!

신의 생각은 다릅니다. 오삼계를 살려두는 건 호랑이를 기르는 것과 같아서 반드시 제거해야 합니다!

어차피 오삼계가 연로하여 오래 살지 못합니다. 조금만 참으십시오!

나라를 위한 경들의 마음은 안다. 하지만 짐은 이미 삼번과 승부를 보기로 생각을 굳혔다!

그만!

영명하신 판단입니다!

평서왕부

폐하가 조서를 내려 대왕의 직위를 해제 했습니다!

흥, 드디어 반란의 때가 왔다!

끝장을 보자!!

마보, 즉시 대군의 북상을 준비하라!

예!

명분이 없으면 의도 이치에 맞지 않는 법입니다. 이번 출사에 명분을 세우십시오!

그도 그렇군.

명의 주삼 태자가 살아있다고 하니 광복 대명을 명분으로 만주족에 대한 한족의 원한을 자극해야겠다!

사병들은 갑옷 위에 흰 상복을 입고 광장에 집합하라!

明

왜 명의 복장을 입으라고 한 거지?

난들 알겠어!

원래 산해관 총병관인 나 오삼계는 주삼 태자의 뜻을 받들어 만주족을 토벌하고 명의 광복을 이끌 것이다!

복건의 경정충, 광동의 상지신, 대만의 정경이 우리와 함께한다!

적을 많이 죽이는 자에게는 큰 상을 내리겠다!

만세! 만세!

1673년 11월, 오삼계는 정식으로 반청의 깃발을 들고 국호를 '명'으로 정했다.

귀주, 사천, 광서, 호남 등지에서 잇달아 호응하고, 마보의 선봉대는 곧장 상덕으로 진출했다.

경략대학사인 막락이 반도 왕보신에게 살해되고, 반군이 난주를 포위 공격하고 있습니다.

지금 상황에서 팔기군*만으로는 병력이 부족하니 한인 우대 조건을 내걸고 녹영병**도 함께 투입하십시오!

경의 말에 따르겠소.

짐이 경의 말을 듣지 않고 경솔하게 오삼계와 전쟁을 개시했구려. 반군의 위세가 이리 대단할 줄 몰랐소.

* 팔기군八旗軍
청의 군사 제도이자 사회 계급의 일종이다. 청의 중앙군은 8개의 집단으로 구분되었으며, 깃발의 색깔이 모두 달랐다.
** 녹영병綠營兵
청의 부족한 병력을 메우기 위해 투항한 명군을 개편·조직한 것으로 녹기綠旗를 영의 표시로 삼아 붙여진 이름이다.
전원 한인으로 충원되었다.

상덕

총병관, 왕보신에게 왜 우리와 합류하지 않고 난주를 치게 했습니까?

그가 일부 청군을 유인해야 내가 충분한 시간을 벌고 강남에 포진할 수 있다.

제갈량은 「출사표」에서 "한나라를 찬탈한 도적과는 같이 서지 않고, 왕업은 천하의 한 모퉁이를 차지한 것에 만족할 수 없다"고 했습니다.

사기가 고조됐을 때 바로 북경으로 쳐들어가야 하는데, 왜 강남에 안주하려 하십니까?

난 명의 일개 총병관에 불과하다. 천하를 차지할 마음은 추호도 없다.

강남을 지키는 것으로 만족한다.

청의 실력은 우리보다 월등합니다. 그들이 전력을 회복하면 강남을 지킬 수 있으리라 보십니까?

하나만 알고 둘은 모르시네.

청군이 전열을 재정비해 반격에 나서자 반란군의 위세도 점차 수그러들기 시작했다.

병부시랑 이지방이 경정충의 주력군을 격퇴하고 복건을 공략 중입니다.

오, 그거 정말 잘됐소! 이제 승기가 보이는군.

하핫—

경정충은 변덕이 심하니 투항을 권유 하십시오.

그를 죽여서 반란군의 말로를 널리 알리는 게 낫지 않소?

경정충과 상지신의 실력은 그리 강하지 않습니다. 하지만 그들이 투항하면 오삼계 군의 사기를 떨어뜨릴 수 있습니다.

일리 있는 말이오.

강희제는 상지신과 경정충에게 회유책을 쓰는 한편, 오삼계에게는 집중 토벌 명령을 내렸다.

펑!

펑—

콰앙!

콰앙!

돌격!

우리 군이 연패하여 요주, 무주, 광신, 경덕진, 평향을 잇달아 잃었습니다.

청군이 장사성까지 쇄도 했는데 어찌 시렵니까?

장사는 군사 요지라 내 직접 방어에 나서 겠다!

37

그런데 오삼계가 장사성으로 출동하는 도중에……

죽여라!

앗, 매복 이다!

도망가자!

옴마!

역적 오삼계를 잡는 자에게 천금을 내리 겠다!

오삼계는 연전연패하다가 1678년에 절망 속에서 세상을 떠났다. 3년 후 청군이 곤명을 공격하자 오삼계의 손자 오세번이 자진하면서 삼번의 난은 완전히 평정되었다.

시랑이 대만을 점령하다

삼번의 난 중에 대만을 다스리던 연평군 왕 정경은 삼번과 동맹을 맺고 육지로 올라와 청군과 전쟁을 벌였다. 이에 큰 아들 정극장이 대만을 지키고, 그의 장인 진영화가 옆에서 보좌했다.

대왕이 대륙에 간 틈을 타 그의 형제들이 나쁜 짓을 일삼고 있습니다.

제 숙부들 이요? 당최 어떤 나쁜 짓 말입니까?

농민의 논밭을 빼앗고 백성을 괴롭히는 등 그 해악을 이루 다 셀 수가 없습니다.

진영화

내 나이가 어려서 숙부들이 명령을 듣지 않을까 염려되니 장인이 도와주었으면 합니다.

병권이 제 손에 있습니다. 마음 놓고 명령만 내리십시오!

이에 정극장은 숙부들을 불러 경고의 메시지를 전했다.

숙부들은 당장 백성의 재물을 돌려주세요. 그렇지 않으면 나중에 후회할 일이 생겨도 절 원망 마세요.

네가 자라 온 모습을 쭉 지켜 봤는데 언제 이리도 사나워진 거냐?

40

물러나 시오!

어딜 돌이대!

앗

무셔~

우리가 청에 당하지 않으려면 대만이 한마음이 돼야만 합니다!

그런데 숙부들이 백성을 유린하면 단결력이 깨지지 않겠습니까?

다시 이런 일이 벌어지면 엄벌을 각오 하십시오!

다…다시는 안 그러 겠네.

당장 돌려줄게……

한편 정경은 청군에 대패해 내륙 거점마저 모두 잃고 대만으로 귀환했다.

부왕, 오셨습니까?

41

그간의 얘긴 내 다 들었다. 네가 대만을 이렇게만 다스린다면 마음 놓고 눈감을 수 있겠어.

부왕의 연세가 마흔도 안 되셨는데 무슨 그런 불길한 말씀이십니까?

나는 어려서부터 네 할아버지를 따라 전쟁터에 나가서 명에 대한 감정이 깊다.

지금 비록 대만에 물러나 있지만 명 수복의 꿈을 버린 적이 없었다.

그런데 이번에 청의 막강한 실력을 목격하고서 광복의 희망이 없음을 깨닫게 됐다.

영화, 그대가 세자를 잘 보좌해 주시오.

명심하겠습니다!

실의에 빠진 정경이 정사에서 손을 떼고 주색잡기에 빠지자 정극장이 아버지를 대신해 정무를 관장했다.

유국헌, 우리가 대왕을 따라 청군과 전쟁을 벌였지만 아무 공도 세우지 못했네.

이런 때에 세자가 진영화와 섬에서 세력을 확장하면 우린 바로 밀려나게 돼.

풍석범, 그럼 자네 뜻은……?

대왕의 작은 아들 정극상이 나이가 어려 다루기 쉬우니 그를 옹립해야 하네.

대왕이 세자를 크게 신임해서 불가능할 텐데……

대왕이 대만에 돌아온 후 풀이 죽어 주색에 빠져 있어서 우리가 준비만 잘하면 가능하다고!

희번득!

먼저 세자의 오른팔인 진영화를 제거하는 거야!

43

44

풍석범,
넌 왜 아직
사직하지 않는
거냐?

나도 군직을
내려놨소. 다만 대왕
을 모시는 시위장 직
은 대왕께서 허락지
않으셔서 어쩔 수
없었소.

이 교활한
놈……

낄낄

웩!

어이쿠! 진형,
건강을 조심
하셔야죠.

꼴도 보기
싫다. 이
소인배 놈!

46

청나라 황궁

폐하, 반가운 소식입니다. 대만의 정경이 죽었답니다.

늘 골칫거리 였는데 듣던 중 반가운 소리 구려!

또 한 가지 기쁜 소식이 있습니다. 풍석범이 정경의 뒤를 이은 정극장 을 죽였답니다.

새로 즉위한 정극상은 나이가 어려 대권이 풍석범 수중에 있습니다.

그는 민심을 크게 잃어 지금이야말로 대만 을 수복할 절호의 기회입니다!

좋소! 시랑을 복건수사제독에 임명하고 대만 으로 출정을 명하시오!

그럼 누구를 보내는 게 가장 좋겠소?

시랑*이라는 수군 장수를 추천 합니다. 정성공이 그의 가족을 몰살해 원한이 아주 깊습니다.

명을 받들겠 나이다!

* 시랑施琅
청나라의 수군 장수로 대만 정복에 큰 공을 세웠다.

47

1683년, 시랑은 대군을 거느리고 대만 정벌에 나섰다. 정극상과 풍석범이 민심을 크게 잃은 관계로 대만 군대는 투지를 상실하고 연전연패해 결국 청군에게 정복되었다.

정극상, 정성공의 무덤으로 안내 해라!

엥?

할아버지는 예전에 돌아가셨는데 어찌 시려고요?

걱정 마라! 정성공이 내 가족을 몰살했지만 부관참시* 같은 짓은 하지 않는다.

나는 다만 공무를 처리하려는 것뿐이다.

휴, 괜히 걱정했습니다요.

* **부관참시**剖棺斬屍
죽은 뒤에 큰 죄가 드러난 사람을 극형에 처하던 일. 무덤을 파고 관을 꺼내어 시체를 베거나 목을 잘라 거리에 내걸었다.

당신은 네덜
란드인에게서
대만을 수복하는
혁혁한 공을 세우
셨습니다.

당시 난 일개
사병에 불과했는데
다행히 당신에게
발탁돼 지금의 내가
있게 되었습니다.

진심—

시랑은 옛 원한을 잊고
정성공의 업적을 기린
후 그의 유해를 남경으
로 이장해 주었다.

시랑,
대만을 수복한
공이 크니 상을
내리겠소!

대만을 귀속했
지만 양인의 함대가
이곳에 주둔한 지
오래되어 수비를
더욱 강화해야
합니다.

정씨는 명의 잔당이라 그들을 없애는 게 목적이었소.

또 대만은 땅이 협소해서 크게 신경 쓸 것 없소.

대만은 물산이 풍부하고 해상교통의 요지입니다. 어찌 필요 없다 하십니까?

만약 다른 나라에 빼앗기면 청 연안이 시끄러워져 정씨 가문보다 더 큰 위협이 됩니다!

들고 보니 맞는 말이구려. 짐이 신중히 숙고하겠소.

황공하옵니다!

1686년, 청은 대만에 대만부를 설치하고 그 아래에 3개 현을 두어 정식으로 영토에 편입시켰다.

아극살에서 러시아군을 물리치다

강희제가 삼번의 난과 대만을 토벌할 때 러시아가 빈틈을 이용해 쳐들어왔다. 러시아는 청나라 국경 안의 아극살에 성을 쌓고 중국 영토를 잠식해 들어왔다.

삼번과 대만 문제가 해결됐으니 이제 러시아 놈들을 손봐 줄 때요!

아극살은 목재로 쌓은 성이지만 러시아 놈들이 총과 대포로 삼엄하게 방어하고 있다 합니다.

낭탄, 아극살성을 공격하는 데 군사가 얼마나 필요하겠소?

신식 홍이대포 20문과 정예병 3천이면 충분합니다.

유비무환이니 군사를 좀 더 배치하고 군량도 충분히 준비하시오.

폐하께서 삼번의 난을 거치면서 더욱 사려 깊어지신 점 경하드립니다!

하하, 경들 덕이지만 듣기 싫지는 않구려.

1685년, 강희제는 살포소와 팽춘에게 군사 1만 5천을 이끌고 러시아군을 공격하도록 명했다.

팽춘, 이번 아극살 공격은 절대 실패해서는 안 된다!

살포소 장군, 염려 마십시오. 러시아 놈들은 용맹하기만 하지 꾀가 없습니다.

이번에 다시는 우리 영토를 넘보지 못하도록 본때를 보여 줘야 한다!

53

흙산을 쌓고 공격을 준비 하라!

웃사

웃사

청군이 남쪽에서 공격 해 온다. 빨리 포를 쏴라!

펑─

펑─

쾅!

56

우리 군이 아극살에서 철수하자 러시아가 다시 진격해 더 큰 성을 쌓았습니다.

기껏 살려 주었더니!

은혜를 원수로 갚는 놈들! 반드시 그들을 복종시키고 말겠다!

흑룡강의 살포소 장수가 아극살을 함락할 자신이 있다는 상소를 올렸습니다.

살포소에게 러시아군을 소탕하라고 명해라. 또 러시아 황제가 직접 짐에게 용서를 구하도록 하라고 전해라!

아극살

쾅!

쾅!

쾅!

러시아가 사자를 보내 화친을 청합니다.

당장 돌려보내라. 우리에게는 전쟁만 있을 뿐 담판은 없다!

예!

제2차 아극살 전투는 반년 가까이 진행되었다. 성 안의 러시아군이 백여 명밖에 남지 않자 피터 대제는 직접 사신을 파견해 강희제에게 화친을 요청했다. 양국은 네르친스크에서 국경 문제를 담판 짓기로 약속했다.

네르친스크는 필요하면 러시아에 양보해도 되지만 흑룡강의 지류들은 우리 영토에 속해야 하오.

러시아인이 혹시 위협을 가할지도 모르니 정예병 만 명을 이끌고 가시오.

폐하의 배려에 감사드립니다.

안심―

신이 목숨을 걸고 우리에게 유리한 조약을 체결하고 오겠습니다!

그대만 믿겠소!

59

흥! 국제거래 규칙도 모르는 놈들이 겁도 없이 아무 준비 없이 왔구나!

흑룡강이 청나라 땅이고 주민들이 해마다 조공을 바친 자료가 이번원에 있는데……

탁ー

담판을 뭘로 보고? 설마 자료를 가져올 때까지 기다리란 말이오?

헷ー

담판은 여기서 해결합니다. 우리가 가져온 최신식 화승총도 면목이 서야 하니.

눈에는 눈, 이에는 이. 우리도 홍이대포와 정예병 1만을 대동했소.

느긋~

흥!

1689년 9월, 양측은 정식으로 네르친스크 조약을 체결했다. 이로써 흑룡강과 오소리강 유역의 광대한 지역이 중국 영토에 편입되었다.

갈이단을 정벌하고 몽고를 장악하다

강희제 때 몽고는 막남몽고(내몽고), 막북몽고(외몽고), 막서몽고(오이라트) 세 지역으로 나뉘어 있었다.

중가르는 막서몽고의 한 지류로 갈이단 통치 시기에 청을 심각하게 위협했다.

갈이단이 러시아와 결탁하여 몽고 각 부족을 정복하고 북쪽과 서쪽에서 청을 포위했소!

최근에 몽고인 수십만 명이 막남으로 도망쳐 우리에게 보호를 요청했습니다.

짐은 더 이상 그의 만행을 좌시할 수 없으니 친정에 나서겠다!

1690년, 강희제는 군대를 두 갈래로 나누어 갈이단을 공격하게 하고 스스로는 후방에서 전군을 지휘했다.

다
다
우

이번원 상서 아라니가 패하고 갈이단은 오란포통으로 진격하고 있습니다!

어찌 이런 일이!

복전, 너를 무원대장군에 임명한다. 당장 갈이단을 맞아 싸워라!

예, 폐하!

오란포통은 북경과 겨우 7백 리밖에 떨어지지 않은 곳이다!

오란포통

두둥-

갈이단

흥, 강희가 직접 오지 않고 복전을 사지로 보냈구나!

청군의 병력이 많아서 어려운 싸움이 되겠는데요.

그리 걱정할 것 없다.

낙타 수만 마리의 다리를 묶어서 단단한 벽을 만들고,

궁수는 낙타 뒤에 숨어서 달려드는 청군을 하나하나 쓰러뜨리면 승산이 있다!

긴

장

65

복전 진영

장군, 갈이단이 보낸 화친 요청 서신입니다.

웬 화친?

이는 내가 결정할 수 있는 일이 아니다. 너는 당장 폐하께 보고해라.

예!

폐하께서 갈이단의 화친 요청에 속지 말고 계속 추격하라고 명하셨습니다.

다들 말에 올라 출격 준비하라!

갈이단이 이미 군대를 모두 물렸습니다!

아, 이런! 갈이단의 속임수에 당하고 말았구나.

젠장─

청나라 황궁

복전, 너는 주장의 신분으로 싸움에 신중하지 못해 갈이단을 일거에 섬멸할 기회를 놓쳤다!

힝, 거의 다 됐었는데 ……

너를 의정대신 직에서 파면하고 3년 감봉에 3개 좌령*을 몰수한다!

갈이단이 요행히 달아났지만 세력이 크게 약화돼 당분간은 걱정이 없을 듯합니다.

언제 몽고 각 부족을 소집해 이 문제를 근본적으로 해결할 필요가 있겠어.

폐하가 친히 몽고 부족을 찾아 주다니 영광된 일이오.

폐하는 눈이 4개, 입이 2개인 사람일 줄 알았는데……

폐하, 갈이단의 중가르 부족을 제외한 나머지 몽고 부족이 모두 모였습니다.

그래?

*좌령佐領
청나라 군제인 팔기 편성상의 단위. 1개 좌령은 군사 200명임.

69

갈이단이 짐의 명을 거부하고 모임에 참석하지 않았으니 기다리지 맙시다.

짐이 여러분을 부른 것은 외몽고 각 부족을 새로 재편해 내몽고와 동등하게 대우하기 위함이오.

그럼 이후에 러시아가 침범하면 폐하가 군대를 파견해 우릴 보호해 주겠지?

와~

폐하의 책봉을 받는다면 우리 각 부족의 통치도 명분을 얻게 되고.

짐이 반드시 갈이단을 제거하여 평화롭고 안정된 몽고를 이루겠소!

감사합니다!

꾸벅—

폐하, 갈이단이 외몽고 각 부족에 사람을 보내 반역을 꾸미고 있습니다.

다 다 다

1606년, 강희제는 군대를 세 갈래로 나눠 두 번째 친정에 나섰다.

이번 출정은 특히나 경계심을 늦춰서는 안 된다!

비양고 장군, 무슨 말씀이 신지···?

폐하의 이번 친정에 부대를 세 개로 나눴는데 우리 서로군이 적과 가장 가까워 매우 위험한 상황이다.

저기 폐하의 사자가 옵니다!

72

산 위와
후방이 모두
청군입니다!

뭐?

제길, 완전히
포위됐어!

빨리
철수하라!

갈이단은 전투에서 모두 패한 후,
다시 일어나지 못하다가 1697년
절망에 빠져 스스로 목숨을 끊었
다. 이를 계기로 청은 몽고 각 부
락을 완전히 제압했다.

청백리 우성룡

우성룡은 순치 · 강희 연간의 유명한 청백리로 1661년에 광서 나싱헌령에 임명되있다.

나성은 많은 민족이 섞여 사는 곳이라 다스리기 어려우니 조심하시게.

나성 싫어…

비록 말단 관직이지만 폐하께서 직접 임명하셨으니 최선을 다해야지.

청렴

강직

나성은 여기서 6천여 리나 되고 가는 길에 도적이 자주 출몰하니 꼭 몸조심하세요!

나성현령은 봉록도 적고 부수입도 없어서 가족들 먹여 살리기도 빠듯할 걸세.

호의호식을 바라고 현령이 되고자 한 게 아니네. 양심에 떳떳하기만 하면 족하네!

나성

세상에! 어르신, 나성이 쑥대밭입니다!

음…

설마 저기가 관가?

누추…

허름

헐~

縣衙

새로 부임하신
현령 나리를
뵈러 왔습니다.

낑낑—

송글

송글

내가 신임 현령
우성룡이오.
그래, 무슨
일이시오?

이 지방이 워낙
가난해서 드릴 건
없고, 달걀과 쌀을
좀 가져왔습니다.

됐소, 됐소.
형편도 어려운데
가지고 가서들
드시오.

저희 선물이
보잘것없어서
그러십니까?

79

오늘 공부할
『제민요술齊民要術』은
훌륭한 농학 서적
입니다.

농업 지식을
가르쳐 주는 현령
은 세상 어디에도
없을 거야, 그지?

그럼!

縣衙

이 돈을
놓고 가는 이유가
무엇이냐?

대인께서 음식
이나 의복에는 신경
쓰지 않는 것 같아
술이나 좀 사
드시라고요.

내가 술을
좋아하는 건
모두 다 아는
사실이지.

하하하

그럼 내 성의를
봐서 술 한 병 살 돈만
받을 테니 나머지는
가져가라.

高鏡明

迎迎　甫静

여러분, 잠깐만요!

이번에 현령 나리의 가족이 나성에 오는데 돈을 좀 모아서 드립시다!

대인의 가족이 오면 생활비가 더 많이 들 텐데, 난 찬성이오!

대인께서는 진심으로 백성을 위해 일하면서도 우리보다 가난하니 모두 돈을 좀 보탭시다!

여기요!

쨍그랑~

나도요!

적은 돈이지만 우 대인의 생활이 좀 나아졌으면 좋겠어.

난 이 돈을 절대 받을 수 없소.

설레 설레

대인의 봉록이 너무 적어서 사실 가족을 부양하기도 어려우시잖아요!

맞습니다. 사양 마시고 받아주십시오!

나성에서 우리 집까지 6천 리인데 가솔들이 이 돈을 가지고 가기가 불편합니다.

그러니 가지고 돌아 가시오.

대인께서 우리를 위해 밤낮으로 고생하시면서도 가난하게 사는 모습을 보면 늘 죄송했습니다.

대인, 제발 받아주십시오!

엉엉~

으흐흑~

이곳 백성 이야말로 천하에 선량한 사람들인데, 이전 지방관들은 왜 다스리기 어렵 다고 한 거지?

가지고 돌아가시오. 이 돈을 절대 받을 수 없소!

대인……

우성룡이 나성에서 큰 업적을 쌓고 백성의 두터운 신뢰를 받자 1667년에 조정은 그를 사천의 합주지부로 승진시켰다.

그럼 난 이만…

대인께서 이렇게 가시면 저희는 어쩝니까?

서운해들 마시오.

새로 부임한 관리가 못된 짓을 저지르면 나에게 바로 알리시오. 내 꼭 해결해 드리리다.

83

오도카니

너는
왜 가지
않느냐?

대인의 노자가
부족하다는 생각이
들어서요. 제가 눈이
멀었지만 점을 좀
치니 돈을 벌어서
보태겠습니다.

어차피 노자도
부족하니 길동무
하며 같이 갈까?

음...

좋다.
그럼 같이
가자.

예, 대인.

84

사천은 수십 년 동안 장헌충과 청군의 전쟁을 거치면서 그야말로 쑥대밭이 됐구나!

상황이 대체 어떤가요?

논밭이 황폐화되고 인적도 드문데다 길 곳곳에는 백골이 난무하네.

그럼 다스리기 정말 어렵겠어요.

염려하지 말게.

나성처럼 어려운 곳도 겪었는데 합주라고 무에 두렵겠나!

자, 가보자!

우성룡은 백성의 큰 신임을 얻어 관직이 점점 더 높아졌다. 후에는 강소와 안휘 두 성의 순무를 겸임했지만 여전히 청렴하게 생활했다.

우성룡은 1684년에 세상을 떠났는데 사후에 유산을 한 푼도 남기지 않았다.

강희제의 치수 사업

고대에 황하는 자주 물길이 바뀌었다. 강희 연간에 황하는 회하를 거쳐 바다로 흘러갔다.

그런데 회하의 강바닥이 점점 높아지면서 황하 물이 원활하게 흐르지 못한 데다가 운하와 회하의 물이 같이 역류하여 황하 양쪽 기슭에는 항상 물이 범람했다.

콸― 콸콸―

싸아

황상, 왜 기둥을 멍하게 바라보고 계세요?

治河漕運

짐은 기둥의 글자를 보고 있었소.

치하*, 조운**…?

*치하治河
치수와 같은 말.

**조운漕運
배로 물건을 실어 나르는 일.

87

이것이 짐이 늘 걱정하는 두 가지 대사요. 이는 청의 국운은 물론 백성의 삶과도 직결돼 있소!

그래서 기둥에 글자를 새기고 한시도 잊지 않으셨군요.

맞소.

해마다 국고에서 많은 돈을 지출하고 대신들을 현장에 보내는데 왜 황하를 다스리지 못하나요?

대신들이 치수를 잘 몰라 점점 더 엉망이 돼 버렸소.

이번에는 근보靳輔를 보냈는데 치수관리에 재능이 아주 뛰어나다고 하오.

88

다 다 다

멈춰라! 더 이상 땅을 파지 마라!

저분은 누군데 큰소리를 지르고 그래?

직례순무 우성룡 대인이셔.

근보, 이 운하를 더 이상 파지 말게!

우 대인이 어쩐 일이십니까?

운하를 판다고 인력과 재물을 허비해 국고가 텅 빈 데다가 이렇게 많은 백성이 모여 있으면 난리가 일어나기도 쉽다!

황하는 대운하를 거쳐 회하로 흘러 갑니다. 또 대운하가 운행되지 않으면 남방의 식량을 북경으로 운반할 수 없고요.

이 운하를 파는 것은 수운을 잘 소통하기 위함입니다!

수나라가 왜 멸망했는지 아는가?

갑자기 왜 그런 질문을 ……?

수나라는 대운하 때문에 망했다!

원나라도 어떻게 망했는지 알고 있나?

역시 운하 때문인가요?

맞네! 백성 수십만 명을 황하 치수에 동원했다가 일꾼들이 가장 먼저 반란의 깃발을 들었지!

헉!

따라서 치수는 공정 기술 외에 정치적인 면도 소홀히 해서는 안 되네!

하지만 ……

우성룡이 근보의 치수 방안에 반대하는 상소를 올렸습니다.

매일 푸성귀만 먹던 전의 우성룡처럼 이번 우성룡도 사람 정말 귀찮게 하네!

거 참!

폐하께서 전의 우성룡을 배우라고 독려하신 덕분에 이번 우성룡도 착실한 사람이 됐습니다.

어쨌든 그의 말도 일리가 있으니……

짐은 누가 옳고 그른지 모르겠으니 우성룡과 근보를 불러 얘기를 들어 보자.

현명하십니다!

근보가 황하 양쪽 기슭에 너무 많은 제방을 쌓아 재물을 낭비하고 있습니다!

제방을 쌓지 않아 황하가 불어나면 인근의 마을과 논밭은 어떡합니까?

—치

열—

황하의 범람은 하류의 물길이 원활하지 못해서이다.

해구의 진흙과 모래를 제거하면 황하가 범람하지 않고 순조롭게 바다로 흘러갈 수 있다.

모르면서 아는 체 마시오. 해구의 진흙과 모래를 어떻게 깨끗이 제거한단 말입니까?

해 보지도 않고 될지 안 될지 어찌 아는가?

또한 근보의 운하 수리 계획은 인력과 재물을 허비할 뿐더러 수리한다 해도 배가 다닐 수 없습니다!

아닙니다. 배가 다닐 수 있다고 신이 목숨을 걸고 보증합니다!

남북의 교통이 편리해지고 공사비도 회수할 수 있습니다!

경들의 말이 다 일리가 있어서 짐도 결정하기 어렵구려.

진정들 하시오—

황하 유역에 거주하는 대신들은 모두 치수에 관한 의견을 제출하시오. 짐이 참고하겠소!

예, 폐하!

의견을 수렴해 보니 우성룡을 지지하는 대신이 더 많았습니다.

근보가 치수에 열을 올리는 것이 혹시 공사비를 횡령하려는 욕심이 있어서가 아닐까?

형부와 대리시에 근보를 조사하라고 명하라!

예!

이에 강희제는 우성룡에게 치수 사업을 맡겼다. 수년 후 강희제는 황하 치수에 성공했다는 보고를 받고 직접 순행에 나섰다.

폐하, 납시었습니까!

일어나시오. 근보를 대신해 황하를 잘 다스려 짐의 결정이 옳았음을 보여 주었구려!

보십시오. 제방들이 매우 견고하여 황하가 불어도 절대 넘칠 일이 없습니다.

음, 그렇겠군..

전에 조정에서 토론할 때 그대는 근보의 제방 축조를 반대하더니, 지금 왜 똑같이 제방을 쌓았소?

긁적…

기억력도 좋으십니다.

신이 치수의 중임을 맡은 이후에야 제방 축조보다 더 좋은 방법이 없음을 깨달았습니다.

근보 Sorry~

그렇게 말하면 짐이 근보를 파면한 게 잘못된 것 아닌가.

이런 이런~

여봐라! 당장 근보를 복직시켜라!

잘못을 바로 고칠 줄 아는 폐하께선 정말 성군이십니다!

짐이 즉위한 이래로 삼번을 제거하고 대만의 정씨 가문을 평정했으며 아극살을 수복하고 몽고 초원을 통일했을 뿐 아니라 황하도 더 이상 범람하지 않게 됐소.

청은 전대미문의 성세에 들어섰지만 인구는 겨우 2천만 명에 불과해 한·당에 크게 미치지 못하고 있소.

민간의 인구는 2천만 명을 훨씬 넘습니다. 다만 백성들이 고의로 숨길 뿐입니다.

백성들이 숨긴다 해도 호구와 세금을 담당하는 관리가 다 알아낼 것 아니오?

백성들이 인두세*를 피하기 위해 호적에 사실과 달리 신고하고

서로 이를 비호하는 통에 관원들도 어쩔 도리가 없습니다.

짐에게 방법이 있다!

난

감

* 인두세人頭稅
사람의 수대로 일률적으로 부과하는 세금.

강희 50년부터 새로 증가하는 호구에 인두세를 물리지 않으면 호구를 속이는 백성이 없을 것이다!

인두세를 거두지 않으면 국고의 수입이 크게 줄게 됩니다!

지금 국고의 돈이 남아도는 데다 관리의 배를 채우느니 차라리 백성에게 부를 나눠 주겠소!

게다가 이는 출산을 장려하는 정책이기도 하오.

변경 지역을 개척하는 데도 유리해서 거기서 거두는 수입이 인두세보다 많을 것이오!

폐하, 실로 영명하십니다!

강희제가 새로 증가하는 호구에 인두세를 부과하지 않은 이후로 불과 50년 만에 중국의 인구는 2억을 넘어섰다.

강희제 및 그 뒤를 이은 옹정제·건륭제의 통치 아래 청은 황금시대를 이룩했다. 역사에서는 이를 '강건성세'라고 칭한다.

98

포송령과
『요재지이』

고대의 학자들처럼 청초 문학가인 포송령에게도 과거시험이 관리가 되는 유일한 길이었다. 하지만 그는 민간의 기이하고 재밌는 이야기에 관심이 많아 이를 수집하고 개편해 『요재지이』라는 책에 수록했다.

포송령!

장독경, 귀한 손님이 오셨구먼. 얼른 앉게.

뭘 쓰고 있는 중인가?

궁금~

『요재』라는 책이야.

과거 합격자 명단이 나왔는데 자네 이름이 없어서……

휴, 또 낙방이군. 이번이 벌써 네 번째야.

18세 때 자네가 처음 동시童試에 참가해서 연달아 세 번 수석 합격하자 친구들은 진사進士도 문제없을 거라고 생각했어. 그런데 요 몇 년간 왜 거인擧人에도 합격하지 못하는 거야?

음……

진주를 알아 보는 시험관을 아직 만나지 못해서 그럴 거야.

맞아. 자네 재주가 아무리 뛰어나도 문장이 팔고문*의 규범에 부합하지 않으면 시험관이 떨어뜨리는 것도 당연해.

그래서 말인데, 이런 기괴한 소설은 그만 쓰고 과거에 전념하는 게 어때?

제발~

이건 취미 활동일 뿐이야. 과거에 아무 영향도 없다고.

* 팔고문八股文
명청 시대에 과거시험의 답안 작성에 사용하도록 규정된 특수한 문체.

모락 모락

애들아, 밥 먹자!

배고파 죽겠어!

같이 가!

우다다!

내가 일등이다! 헤헤

다 퍼담지 말고 꼭 남겨!

으앙~

나도 먹을래!

아빠! 오빠들이 안 남겨 줄 거 같아요.

착하지. 울지 말고 아빠 것 먹으렴.

토닥-

엉엉……

우리 모두 당신만 바라보고 사는데 이렇게 계속 굶길 거예요?!

앙!

걱정 말라고. 내가 학생들을 가르치면 되잖아.

이에 포송령은 은거 중인 전 강남 통주지주 필제유의 집에 가정교사로 들어갔다.

선생, 우리 집에 가정교사로 와 주셔서 정말 고맙소!

필 대인께서 절 잊지 않으시고 아드님 가정교사로 받아주셔서 정말 감사합니다!

선생이야말로 진정한 학식을 가진 분이오. 과거 따위에 너무 얽매이지 마시오.

그리고 남는 시간에 언제든지 장서실을 이용해도 좋소.

대인의 배려에 감사할 따름입니다!

장서 수만 권 가운데 분명 기괴하고 놀라운 이야기들이 많이 있을 거야. 『요재』의 소재가 되겠어!

돈도 벌고 소재도 얻고 일석이조지!

산속 깊은 곳에서 어부, 나무꾼과 벗하고 갈매기와 해오라기를 옛 친구 삼아, 비바람 치는 밤에 옥주전자를 부수고 달 밝은 새벽에 술에 취해 창을 휘두르네.

지방에 부임하니 남쪽 사람들이 평안해지고, 술 싣고 동산에 올라 때를 기다리네.

시상의 소나무와 국화는 그대로 남아 있고 옷은 하필 담비로 만들리오?

선생이 지은 칠언율시 「차운필 자사귀전」 세 수는 정말 훌륭하오!

파면돼 고향 에서 빈둥거리는 내 생활을 이토록 칭찬해 주니 몸 둘 바를 모르겠소.

너무 겸손하십 니다.

이후 우리 집의 경축이나 조문, 접대글은 선생에게 부탁드리겠소.

대인의 인정을 받게 돼 정말 영광입니다.

가의, 추양 사람, 열여덟에 시서 짓는 데 능통 해 고을에서 이름 을 날렸다.

머리에 온통 기괴한 얘기 생각뿐 이라 경학, 사서는 들어오지도 않아.

집중이

안 되네―

다… 당신은 요괴?

덜덜~

전 요괴가 아니라 안여옥 이라고 해요.

애들을 가르치면서 창작도 하고 과거시험 까지 준비하느라 고생이 많죠? 그래서 제가 특별히 공부를 도와주러 왔어요.

그런데 어떻게 책 속에서 튀어 나왔는지……

"책 속에 황금 집과 안여옥이 있다"는 말 들어 보셨죠?

아!

넋 놓고 있지 말고 빨리 공부하세요. 방금 『한서 · 가의전』 을 읽고 있지 않았나요?

아, 맞다!

하암~

이제 보니 꿈이었네.

하지만 책 속에 안여옥이 있다는 재밌는 이야기야.

싱긋

얼른 기록해 두자.

선생, 이번 과거 시험에서는 꼭 급제하십시오!

또 떨어 졌다고요!!

음... 당신 볼 면목이 없소.

벌써 쉰인데 과거는 이제 그만 보세요. 당신에게 관운이 있었다면 진즉 재상 자리 정도는 올랐을 거예요.

됐어요, 이젠—

아, 당신 말이 맞아. 과거 때문에 평생을 허비한 꼴이라니……

어휴~

포송령의 급제 꿈은 끝내 깨지고 말았다. 하지만 그는 필생의 역작인 『요재지이』를 완성하여 중국 고전 단편소설의 최고봉에 올랐다.

『요재지이』는 청초에 나온 문어체의 괴이怪異 소설집으로 민간 이야기에서 취재한 신선·귀신·도깨비나 이상한 인간 등 다양한 소재로 인간의 참다움과 아름다움을 느끼게 한다. 중국의 괴이문학 중에서 예술적 가치가 높은 걸작으로 꼽힌다.

조설근과 『홍루몽』

강남 명문인 조씨 집안은 강희제의 총애를 받았다. 그러나 옹정제가 즉위한 후 정쟁에 휘말려 파면되고 온 가족이 북경으로 이사를 갔다.

설근아!

설근아!

이놈이 또 전통극을 공연하러 갔구나!

북경으로 돌아온 조설근은 전통극 공연에 푹 빠져 있었다.

본디 온갖 꽃들이 울긋불긋 만발했건만 이제는 우물물 끊기고 담장이 무너진 채 버려졌네~

물오른 감성 연기

애절

휘적

와, 이런 「모란정」은 처음이야!

짝짝

짝짝짝

조 공자, 정말 훌륭했소! 우리 같은 과반* 출신이 넘볼 실력이 아니구려.

과찬 이십니다!

이보게, 조설근!

큰일 났어!

무슨 일인데 호들갑이야?

너희 아버지가 들이닥쳤어. 빨리 도망가!

앗, 정말?

* 과반科班
중국의 전통극 배우 양성소.

114

네가 그들과 같아? 걔들은 왕실 자제고 넌 일반 평민이라고!

이 애비는 네가 과거에 급제해 가문을 빛내 주길 바란단 말이다!

지겨워 잔소리

집으로 돌아가자. 다시는 집안 망신당하는 일 없게 방에 가둬 놓을 테니까!

아버지 ……

조설근의 집

도련님, 식사하세요.

하아… 됐다. 밥 생각이 없구나.

가세가 기우니 아버지는 나에게 얼토당토않은 희망을 걸고 있어.

짧고 즐거웠던 소년 시절은 꿈처럼 흘러가 버리고 말았는데…

그래, 옛날 일들을 기록해 보는 거야.

요즘 이 둘을 꿈에서 자주 본단 말이야.

임대옥

가보옥

삐걱─

응?

아버지, 이제 절 내보내 주시려고요?

도련님, 어쩌면 좋습니까? 나리께서 홍석의 황제 모해 사건에 연루돼 관가에서 재산을 몰수한답니다.

뭐?

폐하께 충성한 아버지가 절대 그럴 리 없어!

세상에 두 번이나 재산을 몰수하는 경우가 어디 있냐고?

이럴 수가!

성인이 된 후 조설근은 가정을 꾸렸
지만 집안이 몰락한 통에 굶기를 밥
먹듯 했다. 그런 와중에도 그는 쉬
지 않고 『홍루몽』 창작에 몰두했다.

여보!

아, 불렀소?

여보, 집에 쌀이 떨어졌어요.

왜 그러시오?

날마다 『홍루몽』인가 쓴다고 쌀이 떨어진 줄도 모르죠?

찌릿─

아빠, 배고파……

착하지, 울지 마라. 아빠가 쌀 사 올게.

쌀집 주인이 빚을 안 갚으면 다시는 쌀을 안 준다고 했다고요.

휴…

조금만 참아라. 아빠가 그림 몇 장 팔아 올게.

아휴, 추워!

덜

덜덜~

설근, 그림은 왜 팔아?

유서!

119

부끄럽지만 집에 돈이 없어서 그래.

이 그림은 내가 다 살게. 우리 집에 가자!

안 돼.

마누라와 아이가 쌀 사 오기를 목이 빠져라 기다리고 있다고.

내가 쌀을 보내 줄 테니까 걱정 말아.

이 그림들을 싸 놓고 저 친구 집에 쌀 두 포대 갖다 줘라.

알겠습니다!

자네가 쓴 『홍루몽』이 지금 얼마나 인긴데! 우리 집사람도 푹 빠졌어.

가보옥과 임대옥의 결말이 어떨지 얼마나 궁금한지. 살짝 귀띔해 주면 안 될까?

솔직히 다 쓰기 전까지는 나도 결말을 모른다네.

슬쩍~

유서의 집

보시오들, 인기작가 조설근이 왔소!

와, 얼른 『홍루몽』 얘기 들려주세요!

전 청문의 결말이 궁금해요!

어리 둥절

얼른 앉게. 우리의 호기심을 풀어 줘야지.

좋습니다. 이야기를 들려 드릴 테니 맛난 음식을 좀……

허기가…

조설근은 가난과 질병이 겹쳐 힘들게 살다가 나이 겨우 40세에 세상을 떠났다.

하지만 그가 평생 심혈을 기울인 역작 『홍루몽』은 중국 고전 장편소설의 독보적인 위치에 올라 지금까지도 큰 사랑을 받고 있다.

청 下

相下

清

건륭제乾隆帝

옹정제雍正帝의 넷째 아들로
청의 6대 황제이다.
이름은 애신각라 홍력弘歷.
재위 기간 동안 정치·경제·
군사·문화 모든 면에서
큰 발전을 이루었다.
외교적으로는 쇄국을
주장하고 집권 후기에
탐관인 화신을 중용했다.

화신和珅

본명은 선보善保로 만주
정홍기正紅旗 사람이다. 수석
대학사, 영반 군기대신 등 요직을
두루 역임했으며 건륭제의 큰 총애
를 받아 권세를 누리고 막대한 부를
축적했다. 후에
가경제嘉慶帝에게
죽임을 당했다.

기윤紀昀

자는 효람曉嵐. 옹정·건륭·가경
3대에 걸쳐 벼슬을 했다.
학술적 성과가 매우 뛰어나
청대에 문단의 태두로 인정
받았고,『사고전서四庫全書』
편찬 사업에도 종사했다.

조지 매카트니George Macartney

18세기 영국의 뛰어난
정치가이자 외교관이다.
청에 사절단으로 와
건륭제를 만났다.

임칙서林則徐

청 말기 외세의 침입을
막은 위대한 정치가.
영국 상인들이 소유한
아편을 몰수해 상자를
불태우고, 아편 상인들을
국외로 추방하는 등 강경
수단을 써 아편 밀수의
근절을 꾀했다.

악파석渥巴錫
몽고 토이호특土爾扈特의
수령. 부족을 이끌고
청에 귀순했다.

도광제道光帝
이름은 애신각라 민녕
旻寧으로 청의 8대 황제.
서양 제국주의의 외압
으로 나라가 어지러웠
으나 치세에 힘썼다. 아편
전쟁에서 패해 남경南京
조약에 서명했다.

함풍제咸豊帝
도광제의 넷째 아들.
태평천국太平天國의 난이
일어나 남경을 점령당했으나
당파 싸움에만 몰두하는
만주인 관료를 물리치고
젊은 한인 관료를 기용하는
등 치세에 애썼으며,
불평등조약인 천진天津조약,
북경조약 등을 체결했다.

조지 엘리엇 George Elliot
영국 귀족 출신으로
1840년에 군함을 이끌고
광동에 도착해 주해와
광주를 봉쇄했다.
이후 정식으로 중국
침략 전쟁을 감행해
1차 아편전쟁이
발발했다.

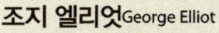

기선琦善
청 말기의 정치가.
아편전쟁 때 영국과의 무력
차이를 알고 타협책을 주장
했다. 영국 대표 엘리엇과의
교섭에서 보인 수완으로
흠차대신이 되어 임칙서
대신 군사외교의 책임자로
광동에서 활약했다.

천하의 달변가, 기효람

영리하고 약삭빠른 화신과 기지가 넘치는 기효람은 아웅다웅하면서도 친분이 두터웠으며 건륭제 때 가장 유명한 두 대신이었다.

기효람, 내가 새로 조성한 죽원이 어떤가?

훌륭하네.

그럼 죽원에 글씨 좀 써 주겠나?

좋지!

빨리 종이와 붓을 가져와라!

죽포竹苞?

무슨 뜻인가?

마음으로 깨달아야지 말로 표현할 수 없네.

알쏭~

이 글자를 액자로 만들어 입구에 걸어 놓아라!

넵!

화신, 멋진 죽원을 조성했다 던데 짐도 구경 좀 시켜 주게.

영광입니다, 폐하!

어?

건륭제

이 편액*은 누가 쓴 건가?

기효람이 썼습니다.

그대가 기효람에게 조롱을 당했구먼.

하하

글자를 하나씩 뜯어서 읽어 보라고.

뜯어서 읽어요?

개개초포個個草包? 하는 일마다 바보 같다라…

이 가증스런 기효람을 봤나!

하하!

* **편액扁額**
건물이나 문 중앙 윗부분에 거는 액자.

131

기효람에게 놀림을 당한 화신은 이를 갈며 꼭 복수하리라 다짐했다. 그러던 어느 날……

기회를 봐서 기효람을 골려 줘야겠다.

자네는 지혜가 뛰어나니 한마디 말로 저 여주인을 웃게도 하고 화나게도 할 수 있겠지?

한마디는 무슨. 단 두 글자로 그녀를 웃겼다가 화나게 해 보겠네.

술 사기 내기네!

좋아.

여유만만

133

거기 서지
못해!

서!

히힛~

내가 이겼지?
술을 사게!

서!!

에잇…!

건륭제의 집무실

청이 중국을 통치한
지 백 년이 넘었는데
도 아직 많은 한족이
우릴 외래 정권으로
여기고 있어.

특히 이 지식인
들은 문장을 통해
짐과 청을 공격
하고 있다고.

그렇습니다,
폐하.

134

135

사서 편찬실

이번 총서의 규모는 이전 어떤 총서보다 방대해 담지 않은 것이 없다.

모든 서적을 경經·사史·자子·집集 네 가지로 분류하여 『사고전서』라고 통칭한다!

작업이 너무 방대합니다요!

평생 해도 끝내기 어려워 보입니다, 대인!

민간에서 수집한 2만여 권의 서적 중 3천 권 정도에 청을 반대하는 내용이 담겨 있습니다.

그냥 둘 순
없지. 그것들을
모두 불태워라!

예, 폐하!

활~

활활

불태울 건
불태우고 나머지
는 그대가 맡아서
정리하라.

걱정 마십시오.
신이 되도록 빨리
총서를 편찬하겠
습니다!

쨍~

쨍~

헥헥,
날씨가 너무
덥구나!

뻘
뻘~

137

138

139

폐하는 만수 무강하셔야 하니 '노老'라고 할 수 있습니다.

지고지상의 자리에 있으니 '두頭'가 아닙니까?

또 천지는 폐하의 부모이니 당연히 '자子'가 아닙니까?

제 말 맞죠?

이 세 글자를 합쳐서 '노인네'가 되는 것입니다.

하하, 정말 그대의 달변에는 당할 재간이 없구나!

그러게 말입니다. 하하…

1782년, 기효람 등은 10년의 노력 끝에 마침내 『사고전서』 편찬 작업을 완수했다. 여기에 수록된 책은 3,503종, 7만 9,337권으로 중국 문화 보존에 지대한 공헌을 했다.

四庫全书

중국 최고의 탐관오리, 화신

중국 역사에 수많은 탐관오리가 출현했지만 건륭제 때의 화신만큼 부를 챙긴 이는 그 전에도 후에도 없었다.

손사의, 오랜만이오.

화 대인!

제가 막 남방에서 올라와 조정에서 폐하를 뵙고 화 대인을 보러 즉시 달려왔습니다.

이번에 은자는 물론이고 진귀한 특산물들을 많이 가져왔습니다.

역시 그대를 발탁한 내 안목이 옳았소.

143

어제 코담배 통 하나를 얻었는데 폐하께 바친 것과 어떤지 비교해 주시오.

어떻게 내가 바친 것과 똑같을 수 있지?

앗!

후훗~

화 대인 것이 더 좋아 보입니다.

당연하지!

음하하!

어떻게 된 거지?

설마 폐하께서 상으로 내리신 건가?

여보게, 뭐 하나만 물어보겠네.

폐하께서 최근 화 대인에게 코담배 통을 하사한 적이 있는가?

절대 어디 가서 말하시면 안 됩니다.

소근 소근

뭐? 화신이 궁 안의 환관을 매수해 폐하께 올린 그 통을 훔쳤다고!

목소리 낮추세요!

쉿!

폐하의 물건까지 훔치다니, 화 대인이 간덩이가 부었구나.

황궁

메롱, 나 잡아 봐라!

잡히면 국물도 없습니다. 형님!

앗, 접시가!

툭!

형님, 이건 부황이 가장 아끼시는 벽옥 접시잖아요!

아우, 이제 어쩌면 좋으냐?

화 대인!

146

네? 폐하께서 가장 아끼시는 벽옥 접시를 깨뜨렸다고요?

아이쿠—

화 대인은 보물이 많으니 우릴 좀 도와줘요.

그런 건 저도 없습니다.

으앙! 이제 어쩜 좋아요!

화 대인! 이번에 도와주면 나중에 꼭 은혜를 갚을게요.

알겠습니다. 울지 마세요.

이 벽옥 접시는 부황 것보다 더 좋아 보여!

이야~

고맙소,
화 대인!

뭘요.
벽옥 접시
쯤이야 많이
있습니다.

그럼
가 보겠습
니다.

살펴
가시오.

외지에서 바치는
보물은 먼저 화신이
고른 다음에 궁으로
들어온다던데,
사실인가 봐.

건륭제가 점점 나이가 들어
열다섯째 아들 옹염顒琰을 태
자로 세우려 한다는 소식을
들은 화신은 퇴로를 남겨 두
기 위해 옹염에게 빌붙기로
마음먹었다.

화 대인이
무슨 바람이
불어서 날 찾아
오셨소?

148

화신이 보물을
선물한 건 내가
태자가 된다는
뜻인가?

부황이 선포도
안 했는데 미리
알다니. 과연
권신이야.

흠…

1796년, 건륭제는 태상황으로
물러나고 제위를 열다섯째 아
들 옹염에게 물려주었다. 그
가 바로 가경제嘉慶帝이다.

4년 후 건륭제가 세
상을 떠나자 가경제
는 즉각 화신의 재
산을 몰수했다.

빨리, 빨리
서둘러라!

끝이 없어!

조사는 끝났느냐?

폐하, 말씀 드리기 송구하오나 화신의 집이 황궁보다 훨씬 더 호화롭습니다.

휘황찬란

국고가 텅 빈 것이 바로 화신 때문이었구나!

화신의 집에서 몰수한 물품 목록입니다.

줄줄이~

그래, 한번 읽어 봐라.

방 3천 칸, 전답 8천 이랑, 은 점포 42곳, 전당포 75곳……

순금 6만 냥, 말굽은 9백만 개, 옥여의 1천2백 자루……

됐다. 그래서 총액이 얼마냐?

도합 은 11억 냥입니다.

언빌리버블—

뭐?! 11억 냥!!

국고의 연수입이 고작 7천만 냥인데……

짐이 제대로 몰수한 게 맞구나! 동전 한 닢 남기지 말고 가져가자!

예, 폐하!

토이호특이 청에 귀순하다

토이호특 부족은 몽고족의 일파로 1630년대에 중국에서 러시아의 볼가 강 유역으로 이동해 러시아 정부의 박해에 시달렸다.

우리 토이호특은 자유를 갈망한다!

절대 러시아의 노예로 살 수 없다!

1771년, 토이호특 부족의 수령인 악파석의 지도 아래 이들은 중국으로 돌아가려 했다.

노예가 되지 않으려면 조국으로 돌아가야 한다!

노예가 되지 말자!

나 악파석이 그대들을 데리고 자유의 땅인 조국으로 인도하겠다!

154

부근의 러시아 군영을 모두 습격했으니 칸은 안심하고 지나가십시오.

잘했다!

헌데, 러시아가 이 소식을 듣고 길을 막을까 염려됩니다.

내가 직접 후방을 엄호해 추격병을 막을 테니 부녀자와 가축은 그대가 책임지시오.

염려 마십시오.

사릉, 네가 선봉이 돼 전방의 장애물을 모두 제거해라!

예!

하지만 얼마 가지 않아 카자흐 군대가 이들의 이동을 가로막았다.

돌격!

앞에 카자흐 기병입니다!

빨리 칸에게 가서 이 사실을 알려라!

우리는 적을 막자!

와ㅡ

얍!

챙ㅡ

돌격!

악파석과
다이제가 공격
해 온나. 절수
해라!

후다닥

일부 포로를 잡긴 했지만 아군도 9천 명이나 잃었습니다.

앞에는 카자흐인이 요충지를 점거하고 있고, 뒤에는 코사크군이 추격하여 진퇴양난입니다.

우리에겐 퇴로가 없으니 끝까지 싸웁시다!

휘익

휙—

다행히 엄동설한이 오기 전에 은파강을 건넜소.

카자흐인은 전에 우리와 사이가 좋았는데 러시아의 앞잡이가 될 줄 정말 몰랐습니다.

카자흐인은 우리의 재물을 노리는 게 분명합니다.

건륭제가 이미 정착을 약속해 중국 국경으로만 들어가면 안전하오!

조금만 더 견딥시다!

헉!

어젯밤에 보초를 서던 병사가 얼어 죽었어.

엉엉!

중국에 안 갈래. 멸시받고 사는 게 황량한 벌판에서 시체가 되는 것 보단 낫겠어.

맞아, 돌아가자.

토이호특의 병사들이어, 다들 내 말을 들어 보시오!

주목!

지금은 우리가 부처의 부름에 응답할 가장 좋은 기회요. 그렇지 않으면 영원히 부처에게 버림받을 것입니다!

음…

꿍―

만약 되돌아간다면 걸음마다 가족과 동료의 시체를 밟게 될 것이다!

믿음직―

중국은 우리 불도에게 이상적인 땅이니

용기를 내어 동쪽으로 전진하자!

우리에게 후퇴란 절대 없다!

적을 피하려면 사막으로 갈 수밖에 없겠소.

하지만 그러면 물이 부족해서 식수가 마련될지 걱정입니다.

160

수령, 카자흐의 5만 연합군이 우리를 포위했습니다!

사릉, 저들을 찾아가 카자흐군 포로 석방을 약속하고 사흘만 휴전하자고 협상을 해 보시오!

이미 카자흐와 휴전을 약속했는데 이러시면 곤란합니다!

쉬—

악파석은 사릉이 협상에 나선 틈을 이용해 군사를 이끌고 카자흐군 기습 작전에 돌입했다.

기습이 유일한 기회요. 그렇지 않으면 우리 전군이 몰살되고 말 거요!

불가피 하오—

돌격하라!

타 다 타 닷

토이호특 기병이 쳐들어 온다! 피해라!!

악!

아, 드디어 중국 땅 입니다!

꿈이냐, 생시냐?!

앞에 청군이 있다!

이젠 살았어!

그대가 토이호특의 칸이오?

우린 선봉 부대요. 칸과 백성들은 곧 도착하오.

다행이오. 여기서 몇 달을 기다린 보람이 있구려!

건륭제는 열하 피서산장에서 호이호특의 악파석과 장수들을 여러 차례 접견하고 환대했다. 청 조정은 이들을 받아들이고 거주할 땅을 마련해 주었다.

폐하께서 이미 여러분들의 거주지를 마련해 두었소.

감사 합니다!

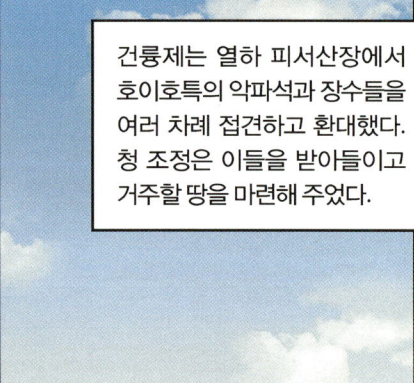

164

매카트니가 중국을 방문하다

청 조정은 쇄국 정책을 실시하여 내국인이 바다로 나가는 것을 엄금하고 외국인의 대중국 무역 거점도 광주 한 곳만 개방했다.

자본주의가 발달한 영국은 청의 시장을 열고 싶어 1793년에 매카트니를 중국에 사신으로 파견했다.

영국에서 폐하의 생신을 축하하러 사신을 보냈습니다.

허허, 먼 외지의 백성까지 짐의 생일을 축하하다니.

으쓱

그들을 피서산장으로 불러라. 청의 웅대한 기세를 보여 줘야겠다.

예, 폐하!

매카트니 일행은 9개월 간의 험난한 여정 끝에 피서산장에 도착했다.

화 대인, 그대는 건륭제가 가장 아끼는 대신이라 들었습니다.

매카트니, 말솜씨가 대단하구려.

이건 화 대인에게 주는 선물입니다.

감사하오.

선물 좋지~

자, 폐하를 뵈러 갑시다.

다 다 다

둥~

우리 기병의 활솜씨가 뛰어나지 않습니까?

물론 놀랍습니다만, 우리 병사들은 활이 아니라 총을 가지고 싸웁니다.

중국에도 이런 화기가 있지만 달리는 말에서 활을 쏘는 게 훨씬 호방하지요.

'호방'이요?

됐소. 그대 같은 벽지의 백성은 못 알아 들을 테니.

훗!

끙······

참, 미리 말해 두겠는데 폐하를 뵈면 꼭 무릎을 꿇고 절을 올리시오!

우리 영국의 신하들은 여왕을 뵐 때 한쪽 무릎을 꿇고 여왕의 손에 입을 맞춥니다.

입을 맞춘 다고요?

허나 여기는 중국이니 꼭 삼궤구고*의 예를 갖추시오!

그리는 못 합니다!

영국은 청의 신하가 아니오. 난 절대 삼궤구고의 예를 행하지 않을 것이오!

이 요구에 응하지 않으면 절대 폐하를 뵐 수 없소!

뭐래니?

Never!

*삼궤구고三跪九叩
중국 황제에 대한 인사법으로 세 번 절을 하고 아홉 번 머리를 조아리는 것.

매카트니는 결국 삼궤구고의 예 문제로 청 조정과 갈등을 빚어 건륭제를 만날 수 없었다.

신기 방기

저는 영국 국왕의 명을 받들어 귀국과 통상을 하러 왔습니다.

폐하께서는 천진과 영파를 개항해 주시기 바랍니다.

통상을 개방하면 백성과 양인이 결탁해 말썽을 일으켜서 허가할 수 없소.

양국이 통상을 하면 거래하지 않는 물품이 없어 쌍방에게 모두 도움이 됩니다.

칭은 물자가 풍부해 없는 게 없으니 외국과의 통상은 필요 없소!

쇄국

그대들은 광주에서 편안하게 장사를 하고 있잖소? 고분고분하지 않으면 광주까지 폐쇄하는 수가 있소!

......

하지만 양국이 통상하는 데 꼭 양광총독을 거쳐야 해서 매우 불편합니다.

아예 북경에 대사관을 설치해 주십시오.

양인들이 분수를 모르는군. 그만 가 보시오!

171

기고만장한 청에 따끔한 맛을 보여 줄 필요가 있다!

어떻게 혼내 줄까요?

우리의 신식 화기로 청 관원들을 놀라게 하자!

기회닷!

청의 대신 중 누가 가장 건륭제의 총애를 받지?

당연히 화신 아닙니까!

화신은 멍청이라 얘기가 안 통해서 다른 사람을 찾아야 한다.

그럼 양광 총독 복안강은 어떻습니까?

옳지, 복안강에게 우리의 훈련 모습을 구경시켜라!

172

척 척 척

복 대인, 가시죠!

음.

발사!

탕!

탕탕!

어떻 습니까?

흥!

기대했더니만, 뭘 이 정도 가지고. 이런 화기는 우리도 진즉부터 있었소.

이크!

175

임칙서가 아편을 불사르다

청 도광 연간에 영국은 청에 아편을 대량으로 수출하여 많은 은을 벌었을 뿐 아니라 중국인의 육체와 정신을 마비시켜 버렸다.

아편은 너무 황홀해. 아편만 피울 수 있다면 마누라고 자식이고 다 팔아도 좋아.

쾜ㅡ

폐하가 호광총독 임칙서와 아편 금지 문제를 논의했다던데.

임칙서는 대단한 인물이라 골치 아파지겠는걸.

조정의 기선과 허내제 대인이 아편 무역을 찬성하는데 뭐가 걱정인가.

그렇겠지?

178

대외 무역을 독점한 광주는 부유해야 정상인데 어째서 백성들이 다 얼굴이 누렇게 떴소?

광주에 아편이 쫙 깔려서 백성들이 아편을 피우느라 가산을 탕진하고 있습니다.

지금 움직이면 양인과 밀수업자들이 다 도망갈 것이다.

몰래 아편 판매 상황을 조사해 일망타진 해야 해!

모조리!

당장 아편 금지령을 내릴까요?

서둘지 마라.

179

월화서원

院書華越

임 대인, 안녕하십니까?

너희들은 나라의 기둥이다. 열심히 공부하고 절대 아편을 피우는 악습에 물들어선 안 된다!

똘망   총명

걱정 마세요. 저희는 절대 아편을 피우지 않겠습니다!

열심히 공부해서 나중에 꼭 북경 과거 시험에 참가해라.

저희 서원에 어려운 걸음 하셨는데 기념으로 시를 한 수 써 주십시오.

좋다. 붓을 가져 와라!

180

바다는 모든 물을 받아들이는 포용력으로 더욱 커지고!

오, 정말 멋집니다!

자, 꼭 이런 사람이 되도록 해라!

임 대인의 가르침을 받들어 꼭 훌륭한 사람이 되겠습니다!

임칙서는 아편 판매 현황 조사를 마치고 곧장 행동에 들어갔다.

모든 아편상에게 사흘 내로 아편을 내놓고 다시는 아편을 팔지 않겠다는 약속을 받아내라!

위반하는 자는 물품을 몰수하고 법으로 다스려라!

자, 출발하라!

법령이 반포된 지 사흘쨌데 내놓은 아편이 고작 이것밖에 안 됩니다.

좋은 말로 해서는 안 되겠구나!

덩그렁~

이젠 실력 행사다!

아편을 몰수하러 간다!

예, 대인!

임칙서는 병사를 이끌고 영국상회를 찾아가 아편을 모두 내놓으라고 압박했다.

완전히 포위됐어!

이곳에 보관된 아편을 모두 임칙서에게 뺏기면 우린 목이 달아날 텐데.

어쩐담?

걱정 말라고. 내가 이미 주중국 대표 엘리엇에게 편지를 보냈으니 곧 구해 줄 걸세.

임칙서를 만나러 왔소. 왜 영국인 건물을 포위한 것이오?

당신은 누군데 임 대인을 찾는 거요?

악! 악!

난 대영제국의 주중국 대표 엘리엇이다. 영국과 여왕을 위해 일하고 있다!

난 세 부류의 나라만 알고 있을 뿐이오. 청과 청의 속국, 그리고 오랑캐. 대영제국은 그중 어디에 속하오?

이런…!

내가 들어가서 영국인의 안전을 확인해야겠소!

들어가는 건 자유지만 맘대로 나오지는 못하오.

185

이렇게 되면 상업 분규가 국가 마찰로 격상돼 청을 공격할 구실이 생긴다.

두고 보자!

그렇군요. 반드시 이 오만 방자한 청을 혼내 줘야 합니다!

결국 영국 상인들은 아편 2만여 상자를 내놓고 풀려났다. 임칙서는 이 아편들을 호문虎門에 모아 놓으라고 지시했다.

오늘 본 흠차대신은 아편을 모두 불살라 외국인에게 경고하고 청의 위엄을 과시할 것이다!

아편을 불사르자!

186

1839년, 임칙서는 호문에서 아편을 모두 소각해 청 백성의 사기를 크게 진작시켰다.

아편전쟁에서 영국에 참패한 중국 上

호문에서 아편을 소각한 사건을 빌미로 영국은 청에 전쟁을 선포했다. 1840년 2월, 영국 정부는 엘리엇의 사촌형인 조지 엘리엇을 총사령관에 임명하고 청으로 쳐들어갔다.

사령관님, 광주의 방어가 삼엄해 공격하기 쉽지 않습니다.

여기서 임칙서와 대치할 필요 없이 직접 북경을 공격해 청 황제에게 따끔한 맛을 보여 줍시다!

절강의 정해가 전략적 요충지라 이곳을 점령하면 청의 남북 해상 교통로를 차단할 수 있습니다.

좋은 방법이다!

전함 5척을 이끌고 주강 입구를 봉쇄해라. 난 주력부대를 거느리고 북상해 정해를 공격하겠다!

옛썰!

190

북경으로 조공을 바치러 가시나요?

뭔 소리야?

우리는 이곳을 공격하러 왔다!

에?? 공격이라고?

화들짝

오랑캐가 감히 청을 공격한다니 살고 싶지 않은 모양이구려.

푸하하

요 현령, 잘 보시오!

말로는 안 되겠군!

대포 발사!

대… 대포?

정해는 해상 요충지인데 저런 어선이 청의 해군이란 말이냐?

장난하시나?

대포를 발사하라!

펑!

펑펑!

아군 배가 영국군 대포에 모두 침몰했습니다!

쾅!

쾅!

폐하, 신이 정해를 지키지 못해 죄송합니다!

이 죄는 죽음으로 갚겠습니다.

대인!

휘익―

중국 군대가 전멸하고 요회상은 자살했습니다!

청나라 조정

정해에 배 몇 척만 남기고 나머지는 모두 북상하라!

예!

양인이 이미 천진에 이르렀는데 적을 물리칠 방법이 있소?

이는 임칙서가 막무가내로 아편을 소각해 양인들이 억울함을 호소하러 온 것입니다.

그럼 임칙서를 파면하면 양인이 물러가겠구려.

기선, 양인을 찾아가서 군대를 물리면 짐이 공정하게 처리하겠다고 알리시오.

예, 폐하!

기선은 천진에 정박 중인 영국 함대를 찾아갔다.

그대 황제는 머리가 어떻게 된 거요? 우리 요구는 통상, 배상, 협정 세율인데 임칙서 파면이 뭔 상관이오?

화내지 마시고 이 일은 광주로 가서 얘기합시다. 내 만족할 답을 드리겠다고 약속하겠소.

196

북경은 청의 수도라 군사가 많으니 여기서 싸우면 꼭 이긴다는 보장이 없습니다.

소근 소근

음……

좋소. 만약 우리 요구에 응하지 않으면 더 많은 군대를 이끌고 오겠소.

알겠소……

신임 흠차대신이자 양광총독 기선 대인 이시오!

임칙서는 일을 잘 처리하지 못해 나라와 백성을 그르쳤으니 관직에서 파면한다!

명을 받들겠습니다!

197

임칙서, 그대는 너무 어리석었소. 양인과 괜히 싸우다가 패가망신한 꼴 아니오?

나라에 이로운 일이라면 목숨을 바쳐 다할 뿐이지, 어찌 개인의 화복을 따져 피하거나 따르겠소!

그대가 죽음을 두려워하지 않는다고 폐하를 위해 외적을 몰아냈소?

그건……

광주

당연하죠. 성의의 표시로 이미 군대를 해산하고 해상 방어를 철폐했습니다.

기선, 광주에 도착했으니 협상을 미룰 생각은 마시오!

성의는 됐고, 우리 조건은 아편 배상금 6백만 원과 홍콩 섬 할양이오.

뭐욧! 땅을 달라고?

히익ㅡ

배상금은 의논 하면 되지만 할양 문제는 폐하께 보고해야 합니다!

우리 함대가 광주 외해에 있으니 그만 꾸물거리고 즉각 답변을 주시오!

그건……

조건을 수락 하리다.

흐흐……

이 소식이 전해지자 청 조정은 발칵 뒤집혔다.

기선이 양인과 매국적 조약을 체결 하고 홍콩을 할양 했으니 당장 벌 하십시오!

기선이 나라의 주권을 잃고 치욕을 당하다니!

청 건국 이래로 외적의 협박에 한 치의 땅도 내준 적이 없다!

할양이라니 말도 안 돼!

유겸, 그대가 양광총독을 맡아 해상 방어를 강화하고 양인에게 쓴맛을 보여 주시오!

신, 임무를 완수하겠습니다!

혁산은 정역 장군으로 광주에서 양인의 침입을 막고 기선을 도성으로 압송하시오!

예, 폐하!

1840년, 주전파 대신들의 주도로 청과 영국 함대 간의 전쟁이 정식으로 발발했다.

이 전쟁은 영국이 중국에 아편 밀매를 강행하다가 벌어졌기 때문에 '아편전쟁'이라고 부른다.

아편전쟁에서 영국에 참패한 중국 下

청과 영국의 협상이 결렬된 후 광주만에서 전쟁이 시작됐다.

앞쪽이 바로 광동 수사제독 관천배가 지키고 있는 호문 포대다.

저 자는 줄곧 영국과 날을 세웠다. 먼저 본때를 보여 줘라!

펑!

펑!

쾅!

콰르릉

쾅!

청군이 반격에 나섭니다!

청군의 대포는 수백 년은 지난 고물이라 사정거리가 얼마 안 돼! 절대 우리를 이길 수 없다.

상대가 안 돼!

볼 것도 없어! 술 한잔 하고 잠자고 일어나면 호문은 점령돼 있을 것이다.

하하, 정말 간단 하군요.

호문이 완전히 박살나고 관천 배가 전사했습니다!

잘했다. 승세를 타서 광주성으로 진격해라!

예, 사령관님!

혁산이 군사를 이끌고 광주로 달려오고 있다고 합니다!

그들의 낡은 장비로는 백만 대군이 와도 소용없다.

돌격!

이게 무슨 소리냐?

기습인가?

불빛이 비치는 곳에서 함성이 들리는데 우리와는 무관한 곳입니다.

청군이 무슨 꿍꿍이지?

보초 인원을 배로 늘리고 나머지는 쉬도록 해라!

알겠습니다, 사령관님!

아, 잘 잤다!

어젯밤 일을 조사
해 보니 혁산이 우리를
기습한다는 게 엉뚱한
곳을 공격한 모양
입니다.

황당

펑!

펑!

펑!

오늘부터
광주성으로 진격
해 따끔한 맛을
보여 줘라!

청군이
백기를 들고
투항한다!

무조건
항복합니다!

펄럭 펄럭~

그만 공격을 멈추고 이제 말로 합시다!

먼저 군대를 광주성에서 철수 시키면 협상에 응하겠소.

그러도록 하리다.

영국군은 단숨에 광주성을 점령하고 조지와 혁산은 협상을 개시했다. 그러나 영국 의회는 조지 엘리엇의 온화한 태도에 불만이 많아 포팅거 장군으로 교체하고 전쟁을 더욱 크게 확대했다.

나와 왕석붕, 정국홍 총병은 폐하의 명을 받아 이곳을 지키러 왔다!

이번에 반드시 지난번 정해가 공격당한 치욕을 씻고자 한다!

나 갈운비는 정해와 생사를 함께하겠다!

함께 살고 함께 죽자!

다

다

다

청군이 목숨을 걸고 정해를 지켰지만 결국 화력의 열세를 극복하지 못하고 참패하고 말았다.

진해

정해가 함락되고 세 총병 모두 전사했습니다!

양인의 다음 목표는 분명 이곳 진해다. 방비를 강화하라!

유겸

북경

급보요! 진해가 함락되고 양강 총독 유겸이 순국했소!

급보요! 영파가 함락되고 태자태보 여보운이 성을 버리고 달아났소!

급보요! 영국군이 남경 성에 이르렀습니다!

급보요! 상해가 함락되고 제독 진화성이 전사했소!

더는 싸우기 어렵습니다. 남경이 함락되면 나라가 위험해집니다.

아, 그럼 화친을 맺읍시다.

어쩔 수 없구나…

1842년 8월, 전쟁에서 패한 청은 영국과 남경조약을 체결했다. 이 조약은 중국이 근대에 서양 제국주의와 최초로 맺은 불평등조약이다.

불평등해…

빨리 서명해!

남경조약으로 중국은 영토를 잃었을 뿐 아니라 통상 항구를 개방해 서양 자본주의의 침략에 속수무책으로 당하게 되었다.

2차 아편전쟁의 발발

영국은 아편전쟁으로 중국의 문호를 개방한 데 만족하지 않고, 1856년, 프랑스와 연합해 2차 아편전쟁을 일으켰다.

1858년, 청은 영프 연합군이 천진을 위협하자 이에 굴복해 천진조약을 맺었디. 그런데 이듬해 조약을 비준할 즈음 청군이 연합군을 공격했고, 이에 격분한 영프 연합군은 곧장 북경으로 쳐들어갔다.

폐하, 양인들이 우리가 천진조약을 파기한 일에 대해 제대로 설명하지 않으면…

그래서 뭐요? 지난번 천진 대고구 전투에서 승격림심 친왕에게 쫓겨난 놈들이 도발해 봤자지.

함풍제

승격림심, 이번 영프 연합군 저지전은 그대가 맡으시오!

신이 이미 최정예 팔기군과 몽고 기병을 소집해 양인을 무찌를 자신이 있습니다!

승격림심 진영

영국의 외교관 파크스가 뵙기를 청합니다.

양인이 두려웠나 보군. 어서 들라해라.

하하

뭐야, 저 태도는?

장군, 마지막 경고요. 조약대로 처리하고 함부로 무력으로 대항하지 마시오!

그게 무슨 말이오?

이전 협정에 따라 외국 공사를 북경에 진주하도록 해 주시오!

214

또 항구 개항 일도 진척이 없고, 조약을 체결하러 온 군대까지 공격 하다니…

양국 간에 체결 된 조약을 따르지 않는 것은 국제 법 위반이오!

됐소! 그 조약 은 강제로 체결 된 것이라 모두 무효요!

저 양인과 수행원을 옥에 가둬라!

시끄러—

사절을 체포 하는 것도 국제 법 위반이오!

법대로 하라고!

엘진 장군, 그 로스 장군, 파크 스 특사가 청군에 억류됐습니다!

216

* 혁흔奕訢
함풍제의 동생으로 공친왕恭親王에 봉해졌다. 동치제同治帝 즉위 후 서태후와 연합해 쿠데타를 일으키고 정권을 잡아 청의 부흥을 꾀했다.

221

이곳이 그 유명한 원명원圓明園이구나!

오~

와~

많은 병사들이 원명원으로 들어가 약탈을 감행하고 있습니다!

뭐?

여기서 왜 멍청하게 서 있지? 늦으면 우리 몫은 없다!

우리도 빨리 가자!

이봐, 기다려!

장군...

222

영국군 진영

프랑스군이 원명원을 약탈하고 있습니다!

신의를 모르는 놈들! 재물을 똑같이 나누기로 하고서 혼자 약탈에 나서다니.

전군은 원명원으로 가라. 프랑스군에 뒤지면 안 된다!

예, 장군!

히힛!

엘진 장군!

에고고…

파크스, 풀려났구려.

223

공친왕 혁흔이 연합군과 협상에 나서기로 해 우리를 풀어 줬습니다.

상처가…

그런데 어쩌다 다친 거요?

억류된 사절들이 학대를 당해 30여 명 중 20명도 살아 돌아오지 못했습니다.

가증스런 청 놈들에게 본때를 보여 주겠다!

따끔한 맛을!

협상할 생각이 아닙니까?

원명원을 불사르고 다시 얘기합시다!

일단은 보물부터!!

영프 연합군은 원명원을 구석구석 약탈하고 이를 감추기 위해 원명원에 불을 질렀다. 불이 사흘이나 계속되면서 세계적으로 유명한 정원은 폐허로 변해 버렸다.

신유정변으로 서태후가 권력을 장악하다

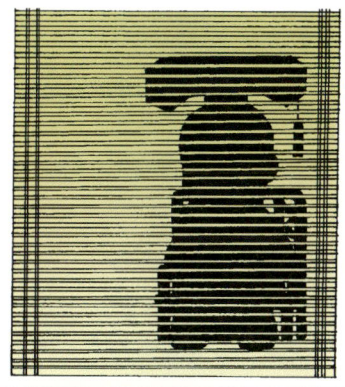

영프 연합군이 북경을 침입하자 함풍제는 공친왕 혁흔에게 북경에 남아 정무를 처리하라 하고, 자신은 후비, 측근들을 데리고 황급히 승덕 피서산장으로 달아났다.

숙순 대인, 이 마차가 너무 불편하니 다른 마차로 좀 바꿔 주겠소?

난리통에 타고 갈 마차라도 있는 걸 다행으로 아십시오!

호강이 넘쳤군!

황태자의 생모인 날더러 이런 낡은 마차를 타고 가라고?

의귀비, 비빈의 모범이 돼야 할 분이 어찌 도리어 소란을 피우십니까?

감히 날 가르치려 드시오!

전 먼저 갈 테니 알아서 오십시오!

저런 몹쓸…!

폐하, 뭐라도 좀 드십시오. 곧 승덕에 도착합니다.

힝~

내가 먹어도 먹는 게 아냐.

우물우물…

226

청의 국운이 다해가는데 짐이 무능해서 방법이 없으니 큰일이야.

양인이 도처에서 노략질을 하지만 청을 무너뜨릴 수는 없습니다. 힘을 키워 그들을 꼭 무찌르겠습니다!

짐은 지금 입맛이 하나도 없구려. 사람들을 재촉해 빨리 승덕으로 갑시다.

예, 폐하!

더 먹을 건 없어요? 콩국만 먹었더니 배고파 죽겠다고요.

폐하도 겨우 빵만 드셨는데 뭘 더 바라시오?

나원 참—

끙...

엘진 장군, 그로스 장군, 안으로 드시지요.

자금성

공친왕, 중국의 관원이 모두 그대처럼 우호적이라면 싸울 일이 없겠소.

제가 쌍방의 우호를 위해 최선을 다하겠습니다!

와, 황궁이 정말 큽니다!

판타스틱!

어메이징!

황궁 안을 둘러보시지요.

프랑스에서 회답을 기다리고 있으니 구경은 나중에 합시다.

맞소. 빨리 조약을 체결 합시다!

우리는 모든 조건을 수용 하겠소.

하아ー

승덕 피서산장

드디어 편히 쉬겠구나.

털썩~

폐하, 공친왕과 양인이 조약을 체결했 습니다!

폐하!

쿵!

선조를 뵐 면목이 없구나!

짐은 이제 어려우니 여러분들이 태자 재순을 잘 보좌해 주시오.

부황, 엉엉!

신들이 몸과 마음을 다 바쳐 나라를 지키겠습니다!

충절

이제 나가 보시고 선황후와 의귀비를 불러 주시오.

이만 물러가겠습니다!

폐하, 흑흑……

재순이 아직 어리니 그대들이 잘 가르쳐 주시오.

염려 마십시오!

의귀비

선황후

짐이 숙순 등 여덟 대신을 보정 대신으로 임명했소. 짐이 죽은 후 그대들은 정치에 간여하지 마시오.

1861년, 함풍제가 승덕에서 세상을 떠나고 다섯 살 난 어린 아들 재순이 황제에 올랐다.

황후, 아니 이제 태후라 불러야겠군요.

이제 우리는 다 태후요.

숙순이 정권을 잡으면 우리가 피곤해지지 않을까요?

흠…

숙순은 사람이 너무 강직해서 그가 재순을 제압하면 우린 설 자리가 없어지는데……

위기―

그럼 정변을 일으켜서 숙순을 무너뜨려요!

숙순의 세력이 큰데 우리가 여자의 몸으로 어떻게 그와 싸우지?

선제의 친동생인 공친왕 혁흔은 기지가 넘치고 경륜이 풍부하며 재주가 뛰어납니다.

혁흔은 숙순 등에게 원한이 사무쳐 있어서 우리가 그와 연합해 보정대신들을 제거하면 됩니다.

씨익—

키킥—

두 태후는 북경으로 돌아가기 전에 미리 공친왕에게 연락해 정변을 일으키기로 약속했다.

승덕에서 북경까지 너무 멀어 어린 폐하가 길을 가기 어렵습니다.

다리 아파.

그럼 어찌 하면 좋겠습니까?

우리 태후 둘이 폐하를 모시고 먼저 지름길로 도성에 갈 테니 숙순 대인은 선제의 영구를 호송해 큰길로 오십시오.

신도 태후의 의견에 따르겠습니다!

흥, 북경에 가서 두고 보자!

곧 도성에 도착한다!

혁현, 뭐 하는 짓이오?

1861년에 신유정변으로 숙순 등 여덟 보정대신이 모두 제거되었다. 황제의 나이가 어려 정사를 처리하기 어렵자 두 태후가 수렴청정을 시작하고 연호를 동치로 바꾸었다.

'동치同治'는 두 태후가 함께 조정을 다스렸다는 의미이고, 이때부터 자희태후(서태후)가 두각을 나타내기 시작했다.

다음 권에 계속됩니다…